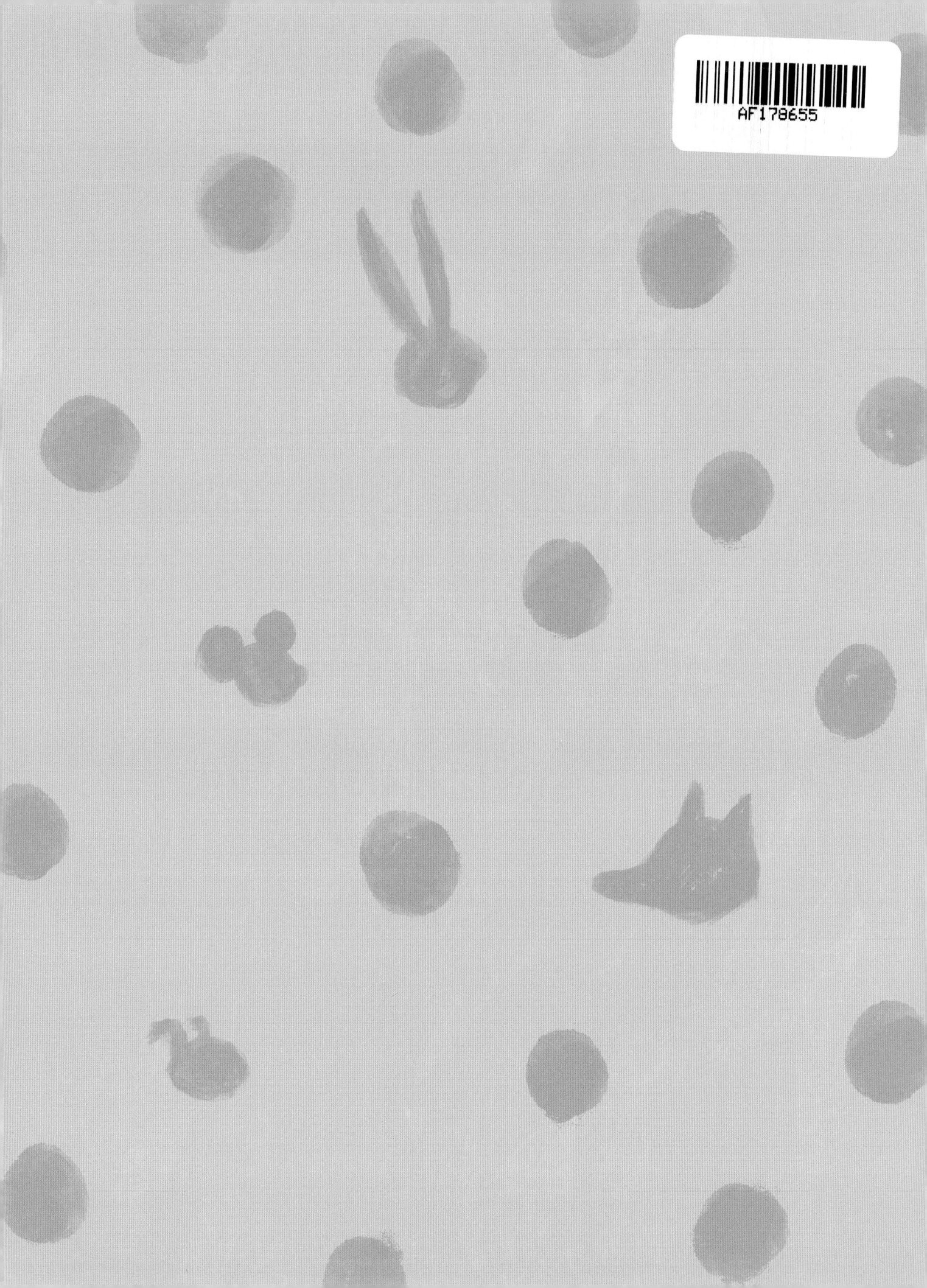

© 2024 Carlsen Verlag GmbH
Völckersstraße 14–20, 22765 Hamburg
Originalausgabe
Text: Christian Dreller
Umschlag- und Innenillustrationen: Cathy Ionescu
Handlettering Cover: Olav Korth, Köln
Lektorat: Sabine Hannich
Herstellung: Sara Trieglaff
ISBN 978-3-551-52193-4

Carlsen-Bücher gibt es überall im Buchhandel oder auf carlsen.de

Christian Dreller

Cathy Ionescu

Hoppels Ostergeheimnis

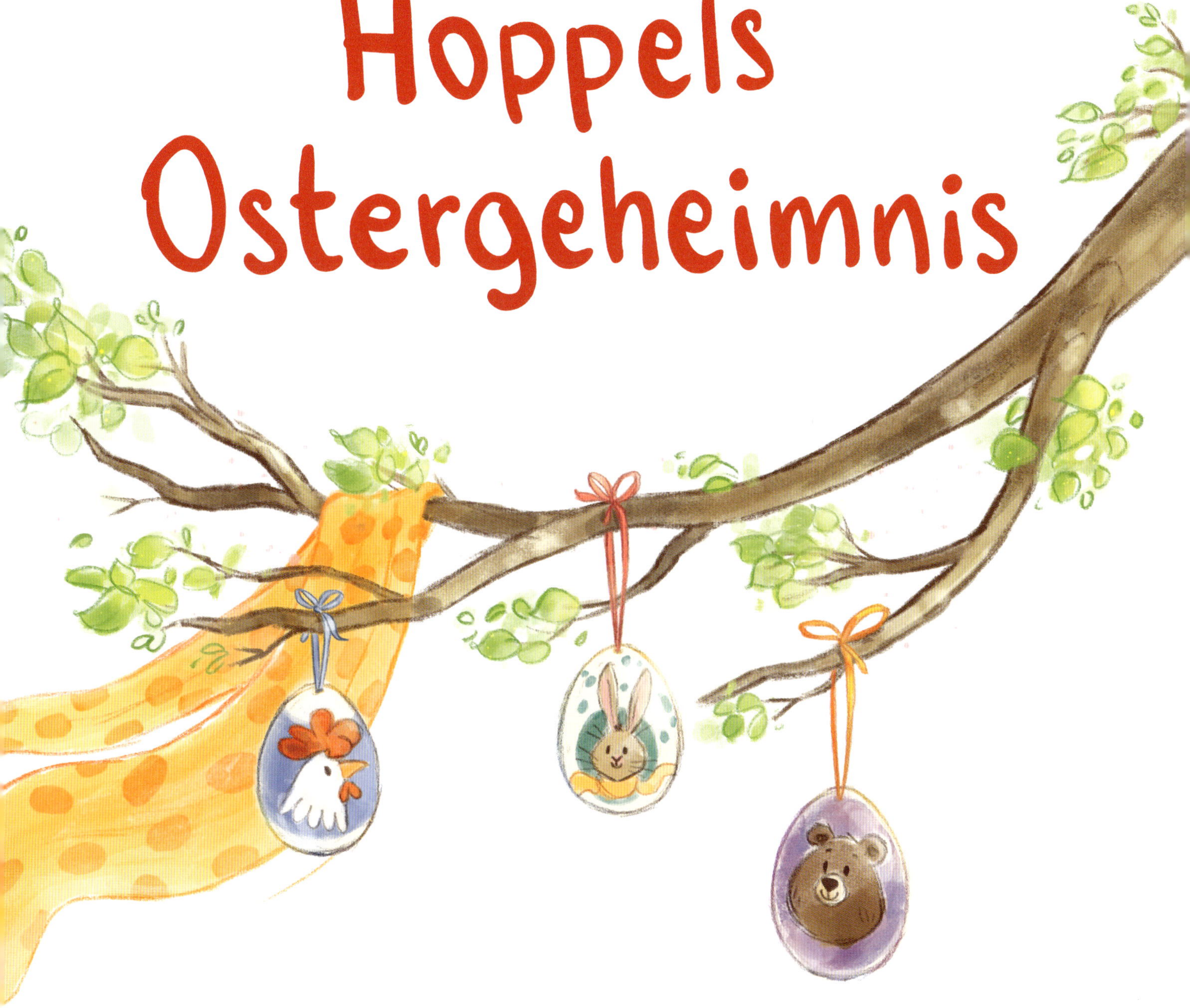

CARLSEN

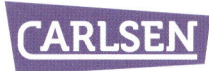

„UAAAH!", gähnt Hoppel und schlägt die Augen auf.

„Nanu", murmelt er. „Wie sieht's denn hier aus?!" Blinzelnd sieht er sich in seiner Hütte um. Fröhlich scheint die Morgensonne zum Fenster herein und bringt die bunten Topfprimeln auf dem Tisch zum Leuchten. Wunderschön sieht das aus. Nur nicht für Hoppel, der in Gedanken noch ganz woanders ist. Gerade hat er von Weihnachten geträumt: von Strohsternen, Tannenschmuck und gemütlichem Kerzenschein. „Schade", brummt Hoppel.

Denn Weihnachten liebt er über alles.

Erst mal frische Luft!, denkt er. Weit macht er das Fenster auf und beginnt, sich genüsslich zu recken und zu strecken. *Hmh*, was ist das?
Der Frühlingswind weht den leckeren Duft von Kräutern heran, die ihre zarten Köpfe gerade aus der Erde recken. Hoppel läuft das Wasser im Mund zusammen.
„Guten Morgen, Hoppel!", piepst da jemand.

Überrascht guckt Hoppel nach unten ins Blumenbeet. Dort fegt Herr Maus gerade altes Laub vor seinem Mauseloch weg. Fröhlich winkt er zu Hoppel empor.

„Guten Morgen, Herr Nachbar", ruft Hoppel. „Wie geht's der Familie?"

„Danke, alle putzmunter", fiepst Herr Maus. „Herrlich, oder?", fügt er hinzu und zeigt eifrig in eine Ecke, wo noch Schnee liegt.

Ein kunterbuntes Tüpfelmeer leuchtet ihm entgegen: lauter Krokusse, die ihre zarten Blütenköpfe aus dem Schnee strecken!

„WOW!", ruft Hoppel.

Frühling ist irgendwie auch toll!, denkt er, als es auf einmal an der Tür klopft. **BOM-BOM-BOM!!!** So heftig, dass fast die Hütte bebt.

„Wer ist denn das jetzt?", brummt Hoppel und macht die Tür auf. Fast bis auf den Boden sinken seine Löffelohren, als er sieht, wer vor ihm steht.

Verflixt! Der Liefer-Dachs! Sofort ist Hoppels Frühjahrsfreude dahin. Was nicht am netten Herrn Dachs liegt. Sondern an dem Bollerwagen voller Dosen, den er hinter sich herzieht. „Tagchen!", begrüßt er Hoppel. „Die Farblieferung für die Eier! Na, jetzt kann Ostern kommen, was?!" Schon hat er Hoppel einen Lieferzettel in die Pfote gedrückt und will gehen. Aber da fällt ihm noch was ein. „Ach ja, könnte meine Ophelia diesmal pinke Ostereier kriegen? Mit Einhörnern?"

Ehe Hoppel einen Mucks herausbringt, ist Herr Dachs mit einem „Danke, super, tschüss!" schon wieder weg. Grummelig guckt Hoppel ihm hinterher.

Na toll!, denkt er. Jetzt haben die Leute auch noch Extrawünsche! Als wäre es nicht schon schlimm genug, als Hase automatisch für Ostern und das Eierbemalen zuständig zu sein. Malen ist nämlich gar nicht Hoppels Ding. Singen mag er viel lieber – und am allerallerliebsten natürlich: Weihnachtslieder!

Mürrisch beäugt er den Bollerwagen. „Hilft ja nichts", seufzt er, pfeffert ein paar Pinsel in seinen Rucksack und zieht mit dem Bollerwagen los. Schließlich ist übermorgen ja schon Ostern!
Wie jedes Jahr geht es erst mal zu seiner Freundin Emma. *Was auch wieder gemein ist,* überlegt Hoppel, als er ächzend den Wagen über Stock und Stein zieht. Denn obwohl die Eier für Ostern von Emma kommen, denkt alle Welt, sie wären von ihm! Ganz schön ungerecht!

Hoppel ist so tief in Gedanken versunken,

dass er um sich herum gar nichts mitbekommt.

Vom lustigen Gezwitscher der Vögel nichts. Von den

grünen Trieben, die überall im Wald sprießen, nichts. Und erst

recht nichts vom Weg – auf dem vor Kurzem das Schmelzwasser eine

tiefe Furche gerissen hat, und … **PARDAUZ!**

Ehe Hoppel weiß, was los ist, ist er schon darüber gestolpert und der

Bollerwagen mit den Farbdosen umgekippt.

Vor Schreck kriegt Hoppel Schluckauf, als einige Dosen den Hang hinunterpurzeln und genau in die Höhle von seinem Freund Bär sausen!

„AUA!", ertönt es von drinnen. Schon kommt Bär herausgetapst – eine eingedellte Dose in einer Pfote. „Gänau auf die Nohse!", stöhnt er und verzieht das Gesicht.

„T…tut mir so leid", stottert Hoppel, kurz vorm Schluchzen. „Aber der Wagen ist umgekippt, mit allen Dosen … und schuld ist nur das doofe Ostern!"

Bär ist so baff, dass er seine schmerzende Nase prompt vergessen hat.

„Doofes Ostern?! Also das musst du mir erklären."

Und das tut Hoppel. Zögernd erst, aber dann sprudelt es nur so aus ihm heraus: dass er viel lieber Weihnachtslieder singt, als Eier zu bemalen, wie gemein es ist, dass keiner weiß, dass die Eier eigentlich von Emma kommen, und, und, und …

Bär legt Hoppel tröstend die Tatze auf die Schulter. „Weißt du was?", sagt er, als der immer noch wie ein Häufchen Elend dasteht. „Ich kümmer mich jetzt um den Wagen und pack die Dosen wieder drauf."

Sauber gestapelt steht kurz darauf alles wieder auf der Ladefläche.
Gleich geht es Hoppel etwas besser. „Danke, Bär!", sagt er und drückt
ihn zum Abschied ganz, ganz fest.
„Kein Problem!", brummt Bär. „Und Kopf hoch! Hasen und Ostern
gehören eben zusammen wie Schokopudding und Vanillesoße."
Leider wahr, denkt Hoppel und zieht mit diesem schwachen Trost weiter
zu Emma. Denn die hat garantiert schon jede Menge Eier bereit.

Was noch untertrieben ist, wie sich zeigt: Bis unter die Decke stapeln sich die Eier, als er in Emmas Hühnerstall kommt. Beim Anblick des Berges wird Hoppel ganz anders. „Ich glaub, ich hab 'ne Osterallergie!", stöhnt er und lässt sich mutlos in einen Sessel plumpsen.

„Gack, gack!", macht Emma verwirrt. „Willst du mich veräppeln?!"

Aber ein Blick auf Hoppels traurige Hasenaugen beantwortet schon die Frage.

„Ich mach uns jetzt mal Tee und dann erzählst du alles!", sagt sie sanft.

Genau das tut Hoppel, zum zweiten Mal an diesem Tag.

„Nicht nur dass ich all die Eier bemalen muss", seufzt Hoppel am Ende. „Nein, sondern auch noch verstecken!"

Aufgeregt plustert Emma die Federn. Sie hat eine Idee. „U...und wenn ich helfe?", schlägt sie vor. „Beim Eierverstecken? Das wollte ich schon immer!"

Hoppel macht große Augen. Aber dann muss er grinsen. „Genial!"

Mit Feuereifer geht es ans Pläneschmieden. „Das muss natürlich geheim bleiben",
fällt Hoppel ein. „Ultrageheim! Wegen Ostern und Hase, na, du weißt schon ..."
„Klar, ich verrate nichts!", gackert Emma eifrig. „Und keine Angst, ahnen wird es
auch niemand. Ich bin die weltbeste Eierversteckerin!"
Cool klatschen die beiden sich ab. Als Hoppel sie so glücklich vor sich sieht, hat
auch er eine Idee. „Sag mal, kannst du malen?"

„Gack! D…du meinst, ich soll …?", gluckst Emma aufgeregt.
„Probieren wir's!", ruft er und macht ruckzuck ein paar
Farbdosen auf. Mit Hoppels Pinseln legt Emma los.
Doch leider kommt dabei nicht mehr heraus als verschmierte
Eier mit Krakelmustern.
„Ich fürchte, Malen ist nicht so meins", seufzt Emma und
lässt den Pinsel sinken.
„Und wenn *ich* …?" Eine tiefe Brummstimme lässt die
beiden vor Schreck zusammenzucken.

Bär ist in den Stall gekommen! Vor lauter Geheimniskrämerei haben sie ihn gar nicht bemerkt. „Ostereier bemalen, *du*?", fragt Hoppel baff.

„Bitte, bitte!", bettelt Bär. „Ich male doch so gern! Guckt mal!", sagt er und holt ein Blatt Papier hinter dem Rücken hervor. „Nur mit den Tatzen gemalt. 'tschuldigung, hab vorhin drei Farbdosen behalten", fügt er verlegen hinzu.

Hoppel und Emma klappen Maul und Schnabel auf. Bär hat ein Bild von ihrem letzten Weihnachtsfest gemalt. Mit Hoppel drauf, Emma, Bär und all ihren Freundinnen und Freunden und es ist … BÄRIG SCHÖN!

Im Nu hat Emma Bär ihren Pinsel in die Tatze gedrückt. Staunend sehen die beiden zu, wie Bär ein Osterei nach dem anderen bemalt. Jedes Ei sieht anders aus, es gibt einfarbige, kunterbunte, toll gemusterte und sogar ein pinkes Einhorn-Osterei für Ophelia Dachs!

„Bär, du bist genial!", jubeln Emma und Hoppel.

Mit Volldampf malen Bär und Hoppel los und schon bald kann Emma mit dem Verstecken anfangen. Alles läuft prima, und als Hoppel, Bär und die allerbeste Eierversteckerin der Welt fertig sind, freut Hoppel sich zum ersten Mal seit Langem richtig auf Ostern. Das feiern sie wie jedes Jahr mit ihren Freunden bei Dori Eichhörnchen. „Ich bin ja so gespannt, was die sagen!", kichert Hoppel.

Nach zweimal schlafen ist es endlich so weit. Fröhlich versammeln sich alle bei
Dori: Hoppel, Bär und Emma natürlich, Familie Maus, Billy Biber, Herr Wolf und
auch Familie Dachs mit Tochter Ophelia ist gekommen. Viele haben ihre Ostereier
dabei und alle sind begeistert – vor allem Ophelia Dachs.
„Das Einhorn ist soo super geworden!", begrüßt sie Hoppel und hält das Ei hoch.
„Aber was steht da eigentlich auf dem Ei?"

„Da steht was drauf?", staunt Hoppel. Neugierig scharen sich alle um das Ei.

„Gemalt von *Bär*!", liest Herr Wolf für alle laut vor.

„Bei mir auch!" … „Und bei mir!" …

„Frechheit! Betrug! Voll geschummelt!", hallt es durcheinander.

Kleinlaut geben Hoppel, Bär und Emma nun alles zu. „Tut mir leid!",
nuschelt Bär verlegen. „Ich war doch so stolz auf meine Eier."
Stille.

„Also ich finde, das hat Bär richtig toll gemacht", bricht Dori das Schweigen. „Seht euch nur mal dieses Einhorn an! So etwas Feines habe ich noch nie auf einem Osterei gesehen."

„Genau!", stimmt Billy Biber zu. „Und außerdem: Wie traurig ist das denn, wenn nicht alle machen dürfen, was sie eigentlich am besten können und am liebsten mögen?"

Erstaunt gucken sich alle an. *Stimmt!*, denken sie. Dann wären doch ständig alle unglücklich. So wie sie es jetzt gemacht haben, ist es viel, viel besser.

Und dann beginnt ein Osterfest, von dem Hoppel, Bär, Emma, Dori und all ihre
Freundinnen und Freunde sich noch lange erzählen.